JESSIE KANELOS WEINER
FOTOS VON RICHARD BOUTIN

BOWLE

frisch. fruchtig. fancy!

Inhalt

BOWLEN

INFUSED RUM

FINGERFOOD

BOWLE
Der Klassiker
frisch und fruchtig

Ergibt 3,5 Liter
Zubereitungszeit: 10 Minuten
Kühlzeit: 2 Stunden

1 l Multivitaminsaft, gut gekühlt
1 l Orangensaft, gut gekühlt
80 cl weißer Rum
20 cl Zuckerrohrsirup
2 unbehandelte Orangen
2 Äpfel
Eiswürfel

In einem Bowlegefäß die Säfte mit dem Rum und dem Zuckerrohrsirup verrühren.

Die Orangen und die Äpfel in Scheiben schneiden. Die Orangenscheiben anschließend in Stücke schneiden und beides zur Saftmischung geben. Gut umrühren und die Bowle mindestens 2 Stunden kalt stellen.

Unmittelbar vor dem Servieren die Eiswürfel hinzufügen.

BOWLE
Zitrone pur
wunderbar / erfrischend

Ergibt 3,5 Liter
Zubereitungszeit: 10 Minuten
Kühlzeit: 2 Stunden

200 g feiner Zucker
45 cl frisch gepresster
    Zitronensaft (etwa 9 Zitronen)
50 cl Wodka, gut gekühlt
2 unbehandelte Zitronen
3 Flaschen Champagner
    oder Schaumwein, gut gekühlt
Eiswürfel

In einem Bowlegefäß den Zucker im Zitronensaft auflösen. Den Wodka hinzufügen, gut umrühren und die Mischung mindestens 2 Stunden kalt stellen. Inzwischen die Zitronen in dünne Scheiben schneiden.

Unmittelbar vor dem Servieren den Champagner oder Schaumwein, die Zitronenscheiben und einige Eiswürfel hinzufügen und nochmals gut umrühren.

Erdbeeren und Himbeeren

das Aroma des Sommers

Ergibt 3,5 Liter
Zubereitungszeit: 10 Minuten
Kühlzeit: 2 Stunden

50 cl frisch gepresster
 Zitronensaft (etwa 10 Zitronen)
50 cl Erdbeersaft ~ ½l
25 cl Zuckerrohrsirup
25 cl Wodka
500 g Erdbeeren
2 unbehandelte Zitronen
200 g Himbeeren

In einem Bowlegefäß die Säfte mit Zuckerrohrsirup, Wodka und 1 Liter kaltem Wasser verrühren und die Mischung mindestens 2 Stunden kalt stellen.

Die Erdbeeren entstielen und je nach Größe halbieren oder vierteln. Die Zitronen in Scheiben, dann in kleine Stücke schneiden.

Erdbeeren, Zitronenstücke und Himbeeren zur Saftmischung geben, gut umrühren und sofort servieren.

BOWLE

Ingwer mit Limette

pikant und belebend

Ergibt 3,5 Liter
Zubereitungszeit: 35 Minuten
Kühlzeit: 2 Stunden

70 cl Ingwersirup, fertig gekauft
    oder selbst gemacht*
70 cl frisch gepresster
    Limettensaft (etwa 20 Limetten)
70 cl Gin
3 unbehandelte Limetten
1 Stück (8 cm) frischer
    Bio-Ingwer (etwa 40 g)
1,4 l stark kohlensäurehaltiges
    Mineralwasser, gut gekühlt
Eiswürfel

* Für den Ingwersirup:
400 g feiner Zucker
200 g frischer Ingwer

Für den selbst gemachten Ingwersirup den Zucker bei mittlerer Hitze in 500 ml Wasser auflösen. Den Ingwer schälen, hacken und 15 Minuten in dem Zuckersirup kochen lassen. Die Mischung abkühlen lassen und anschließend durch ein feines Sieb seihen.

In einem Bowlegefäß den Limettensaft mit Ingwersirup und Gin mischen und mindestens 2 Stunden kalt stellen.

Inzwischen die Limetten und das Ingwerstück in dünne Scheiben schneiden. Das Mineralwasser, die Limetten- und Ingwerscheiben und die Eiswürfel in das Bowlegefäß geben, gut umrühren und sofort servieren.

BOWLE

Apfel mit Zimt

ein herbstlicher Genuss

Ergibt 3,5 Liter
Zubereitungszeit: 10 Minuten
Kühlzeit: 2 Stunden

1,4 l lieblicher Cidre oder
   Apfelsaft, gut gekühlt
2 Vanilleschoten
4 Zimtstangen
40 cl Whisky
1 l Ginger Ale, gut gekühlt
Saft von 5 Zitronen
3 Äpfel (möglichst
   verschiedene Sorten)
Eiswürfel

Den Cidre oder Apfelsaft in ein Bowlegefäß gießen. Die Vanilleschoten der Länge nach aufschlitzen und das Mark mit einem spitzen Messer herauskratzen. Das Mark mit den Schoten und den Zimtstangen in das Bowlegefäß geben und die Mischung mindestens 2 Stunden kalt stellen.

Whisky, Ginger Ale und Zitronensaft in das Bowlegefäß gießen und gut umrühren. Die Äpfel entkernen, in dünne Scheiben schneiden und mit einigen Eiswürfeln in die Bowle geben.

Rhabarber mit Minze

frisch wie der Mai

Ergibt 3,5 Liter
Zubereitungszeit: 35 Minuten

1 l Rhabarbersirup, fertig
  gekauft oder selbst gemacht*
1 Bund Minze
2 grünschalige Äpfel
1 l lieblicher Cidre oder
  Apfelsaft, gut gekühlt
50 cl Wodka, gut gekühlt
1 l kohlensäurehaltiges
  Mineralwasser, gut gekühlt
Eiswürfel

* Für den Rhabarbersirup:
8 dicke Rhabarberstangen
500 g feiner Zucker

Für den selbst gemachten Rhabarbersirup den Rhabarber in Stücke schneiden, mit dem Zucker und 500 ml Wasser in einen Topf geben und 20 Minuten bei mittlerer Hitze kochen lassen, bis er sehr weich ist. In ein feines Sieb abgießen und die Rhabarberstücke mit dem Rücken eines Löffels gut ausdrücken, um die Flüssigkeit möglichst vollständig herauszupressen. Den Sirup anschließend abkühlen lassen.

Die Minzeblätter abzupfen, die Äpfel entkernen und in dünne Scheiben schneiden. Den Rhabarbersirup mit Cidre oder Apfelsaft, Wodka, Minzeblättern und Apfelscheiben in ein Bowlegefäß geben und gut umrühren.

Unmittelbar vor dem Servieren das Mineralwasser und die Eiswürfel dazugeben und nochmals gut umrühren.

Rhabarberkompott mit Zitrone/Himt/ Zucker

BOWLE
Copacabana
Sonne pur

Ergibt 3 Liter
Zubereitungszeit: 10 Minuten
Kühlzeit: 2 Stunden

70 cl Ananassaft, gut gekühlt
70 cl Orangensaft, gut gekühlt
60 cl Kokoswasser, gut gekühlt
50 cl klarer Kokoslikör auf
   Rumbasis (z. B. Malibu)
20 cl Triple Sec (Orangenlikör)
20 cl frisch gepresster
   Limettensaft (etwa 7 Limetten)
3 Kiwis
2 unbehandelte Limetten
1 kleine Victoria-Ananas
2 Passionsfrüchte
Eiswürfel

In einem Bowlegefäß die Fruchtsäfte mit Kokoswasser, Kokoslikör, Triple Sec und Limettensaft verrühren und die Mischung mindestens 2 Stunden kalt stellen.

Die Kiwis schälen und in Scheiben schneiden. Die Limetten ebenfalls in Scheiben schneiden. Die Ananas schälen und das Fruchtfleisch in Stücke schneiden.

Die Früchte mit dem Fruchtfleisch der Passionsfrüchte und den Eiswürfeln in die Bowle geben und sofort servieren.

Litschi und Apfel

ein Hauch von japanischer Kirschblüte

Ergibt 3 Liter
Zubereitungszeit: 10 Minuten
Kühlzeit: 2 Stunden

1,25 l Litschisaft, gut gekühlt
50 cl Apfelsaft, gut gekühlt
50 cl Sake, gut gekühlt
50 cl Wodka, gut gekühlt
Saft von 2 Zitronen
1 grünschaliger Apfel
230 g entsteinte Litschis
   (aus der Dose)
Eiswürfel

Die Fruchtsäfte mit Sake, Wodka und Zitronensaft in einem Bolwegefäß mischen und mindestens 2 Stunden kalt stellen.

Den Apfel entkernen, in dünne Scheiben schneiden und mit einer 2 cm großen Ausstechform Blüten daraus ausstechen.

Unmittelbar vor dem Servieren die Apfelblüten, Litschis und Eiswürfel in die Bowle geben.

BOWLE

Sunrise
wie ein Sonnenaufgang

Ergibt 3,5 Liter
Zubereitungszeit: 15 Minuten
Gefrierzeit: 6 Stunden

2 Granatäpfel
Eiswürfel
2 unbehandelte Orangen
1,25 l Orangensaft, gut gekühlt
1,25 l Cranberrysaft, gut gekühlt
40 cl Tequila

Die Granatapfelkerne herauslösen und gleichmäßig in einer Kranz-Backform verteilen. Die Kerne mit Eiswürfeln bedecken, um sie zu beschweren. Die Form mit Wasser auffüllen und mindestens 6 Stunden in das Gefrierfach stellen.

Die Orangen in Scheiben schneiden und diese anschließend vierteln. In einem Bowlegefäß den Orangensaft mit Cranberrysaft und Tequila verrühren.
Die Orangen hinzufügen und die Mischung mindestens 2 Stunden kalt stellen.

Die Kranzform kurz in heißes Wasser tauchen, stürzen und den gefrorenen Granatapfelkranz in die Bowle legen.

BOWLE
Banane und Orange

ein exotischer Genuss

Ergibt 3 Liter
Zubereitungszeit: 10 Minuten
Kühlzeit: 2 Stunden

1,25 l Bananennektar, gut gekühlt
50 cl brauner Rum
50 cl Kokoswasser, gut gekühlt
40 cl Orangensaft, gut gekühlt
4 Bananen
2 unbehandelte Orangen
Eiswürfel

In einem Bowlegefäß den Bananennektar mit Rum, Kokoswasser und Orangensaft verrühren und die Mischung mindestens 2 Stunden kalt stellen.

Die Bananen schälen. Bananen und Orangen klein schneiden, mit den Eiswürfeln in die Bowle geben und noch einmal gut umrühren.

SANGRIA Blanca

festlich und fruchtig

Ergibt 2 Liter
Zubereitungszeit: 15 Minuten
Ziehzeit: 1 Stunde

2 weißfleischige Pfirsiche
2 Äpfel
200 g grüne Weintrauben
200 g Himbeeren
6 cl Calvados
2 Flaschen trockener Weißwein
  (z. B. Chardonnay), gut gekühlt
10 cl kohlensäurehaltiges
  Mineralwasser, gut gekühlt
Eiswürfel

Die Pfirsiche entsteinen und in Scheiben schneiden. Die Äpfel entkernen und ebenfalls in Scheiben schneiden. Die Trauben halbieren. Alle Früchte in eine Schüssel geben, mit dem Calvados beträufeln, umrühren und mindestens 1 Stunde im Kühlschrank durchziehen lassen.

Die Früchte und den Saft, den sie abgegeben haben, mit dem Weißwein begießen und umrühren. Das Mineralwasser und die Eiswürfel hinzufügen und sofort servieren.

BOWLE
Ruby Red
eine fruchtig-bittere Erfrischung

Ergibt 2,5 Liter
Zubereitungszeit: 20 Minuten
Kühlzeit: 2 Stunden

3 EL lose Teeblätter (Rooibostee
   oder schwarzer Tee)
50 cl Aperol, gut gekühlt
50 cl Blutorangensaft, gut gekühlt
50 cl weißer Rum
40 cl Granatapfelsaft, gut gekühlt
4 unbehandelte Blutorangen
1 Granatapfel
Eiswürfel

Die Teeblätter mit 400 ml kochendem Wasser aufbrühen und ziehen lassen.
Den Tee, sobald er erkaltet ist, durch ein feines Sieb in ein Bowlegefäß gießen.

Den Tee mit Aperol, Blutorangensaft, Rum und Granatapfelsaft mischen
und mindestens 2 Stunden kalt stellen.

Die Blutorangen in Scheiben schneiden. Die Granatapfelkerne herauslösen.
Die Früchte mit den Eiswürfeln zur Teemischung geben und sofort servieren.

BOWLE
Tropical
mit dem vollen Aroma tropischer Früchte

Ergibt 3,5 Liter
Zubereitungszeit: 15 Minuten
Kühlzeit: 2 Stunden

2 Vanilleschoten
60 cl Mangonektar, gut gekühlt
60 cl Ananassaft, gut gekühlt
60 cl Orangensaft, gut gekühlt
60 cl brauner Rum
30 cl Cointreau
30 cl frisch gepresster
    Limettensaft (etwa 10 Limetten)
3 unbehandelte Limetten
3 unbehandelte Mandarinen
1 kleine Victoria-Ananas

Die Vanilleschoten der Länge nach aufschlitzen und das Mark mit einem spitzen Messer herauskratzen.

Den Mangonektar mit Ananas- und Orangensaft, Rum, Cointreau und Limettensaft in einem Bowlegefäß mischen. Die Vanilleschote und das Vanillemark hinzufügen und die Mischung mindestens 2 Stunden kalt stellen.

Die Limetten und die Mandarinen in Scheiben, das Ananasfruchtfleisch in Stücke schneiden. Die Vanilleschoten aus der Bowle nehmen, die Früchte hinzufügen, gut umrühren und sofort servieren.

BOWLE
Zitrusfrüchte
angenehm prickelnd

Ergibt 3,5 Liter
Zubereitungszeit: 10 Minuten
Kühlzeit: 1 Stunde

60 cl Orangensaft, gut gekühlt
60 cl Grapefruitsaft, gut gekühlt
50 cl Zitronensaft, gut gekühlt
40 cl Zuckerrohrsirup
30 cl Triple Sec (Orangenlikör)
1 unbehandelte Grapefruit
2 unbehandelte Zitronen
2 unbehandelte Limetten
100 g Kumquats
1 Flasche Champagner
    oder Schaumwein, gut gekühlt
Eiswürfel

In einem Bowlegefäß die Zitrussäfte mit dem Zuckerrohrsirup und dem Triple Sec mischen und mindestens 1 Stunde kalt stellen.

Die Früchte in Scheiben schneiden und zur Saftmischung geben. Mit dem Champagner oder Schaumwein aufgießen, die Eiswürfel hinzufügen und sofort servieren.

Holunder mit Cranberry

zart wie Holunderblüten

Ergibt 3,5 Liter
Zubereitungszeit: 10 Minuten
Kühlzeit: 2 Stunden

150 g feiner Zucker
25 cl Zitronensaft
45 cl Cranberrysaft, gut gekühlt
40 cl Holunderblütenlikör
   (z.B. Saint-Germain)
2 unbehandelte Zitronen
3 Flaschen Champagner
   oder Schaumwein, gut gekühlt
frische Holunderblüten
   (nach Belieben)
Eiswürfel

In einem Bowlegefäß den Zucker im Zitronensaft auflösen. Den Cranberrysaft und den Holunderblütenlikör dazugeben und gut umrühren. Die Mischung anschließend mindestens 2 Stunden kalt stellen.

Die Zitronen in dünne Scheiben schneiden und zu der Saftmischung geben. Die Bowle mit dem Champagner oder Schaumwein aufgießen und einige Eiswürfel hineingeben. Nach Belieben mit Holunderblüten dekorieren.

Clementine mit Minze

hat jede Menge Pep

Ergibt 3,5 Liter
Zubereitungszeit: 10 Minuten
Kühlzeit: 2 Stunden

2 l Clementinensaft, gut gekühlt
75 cl Orangensaft, gut gekühlt
50 cl Tequila
1 Bund Minze
3 unbehandelte Clementinen
3 unbehandelte Limetten

Die Fruchtsäfte mit dem Tequila in einem Bowlegefäß mischen und mindestens 2 Stunden kalt stellen.

Die Minzeblätter von den Stielen zupfen. Die Clementinen und die Limetten in dünne Scheiben schneiden.

Die Minzeblätter und die Früchte zur Bowle geben und gut umrühren.

BOWLE
mal weihnachtlich
versüßt die Adventszeit

Ergibt 3,5 Liter
Zubereitungszeit: 15 Minuten
Kühlzeit: 2 Stunden

40 cl Orangensaft, gut gekühlt
40 cl Cranberrysaft, gut gekühlt
40 cl Ananassaft, gut gekühlt
4 cl Weinbrand
   (möglichst Cognac)
20 cl Grand Marnier
20 cl weißer Rum
4 Zimtstangen
4 Sternanis
2 Vanilleschoten
3 unbehandelte Clementinen
12 Gewürznelken
1 Victoria-Ananas
2 Flaschen Champagner
   oder Schaumwein, gut gekühlt

Die Säfte mit Weinbrand, Grand Marnier und Rum in einem Bowlegefäß verrühren. Die Zimtstangen und Sternanise hinzufügen.

Die Vanilleschoten der Länge nach aufschlitzen und das Mark mit einem spitzen Messer herauskratzen. Das Mark mit den Schoten zur Saftmischung geben, gut umrühren und die Mischung mindestens 2 Stunden kalt stellen.

Die Clementinen in dünne Scheiben schneiden und diese mit den Gewürznelken spicken. Die Ananas schälen und das Fruchtfleisch in Stücke schneiden. Die Früchte zur Saftmischung geben, die Bowle mit dem Champagner oder Schaumwein aufgießen und sofort servieren.

BOWLE
Bloody Mary
ideal zum Brunch

Ergibt 3,5 Liter
Zubereitungszeit: 5 Minuten
Kühlzeit: 2 Stunden

1,4 l Tomatensaft, gut gekühlt
40 cl Wodka
2 EL Worcestersauce
1 TL Selleriesalz
¼ TL Cayennepfeffer
Saft von 4 Zitronen
Salz und Pfeffer
4–5 unbehandelte Zitronen
2 unbehandelte Limetten
2–3 Selleriestangen
½ unbehandelte Salatgurke
Eiswürfel
mit Paprika gefüllte grüne Oliven
Tabasco

Den Tomatensaft mit Wodka, Worcestersauce, Selleriesalz, Cayennepfeffer und Zitronensaft in einem Bowlegefäß verrühren und mit Salz und Pfeffer abschmecken.

Eine Zitrone und die Limetten in Scheiben schneiden und zum Tomatensaft geben. Gut umrühren und mindestens 2 Stunden kalt stellen.

Die restlichen Zitronen in Scheiben, den Sellerie in Stücke schneiden, die Gurke in dickere Scheiben schneiden und diese vierteln. Die Bowle und einige Eiswürfel auf Gläser verteilen. Jedes Glas mit einem Selleriestück, einem Gurkenviertel, einer Olive und einer Zitronenscheibe garnieren und mit je 1 Spritzer Tabasco verfeinern.

Gurke mit Limette

erfrischend aromatisch

Ergibt 3,5 Liter
Zubereitungszeit: 5 Minuten
Kühlzeit: 2 Stunden

50 cl Gurkensaft*
1 kleine unbehandelte Salatgurke
2 unbehandelte Limetten
50 cl Gin
50 cl frisch gepresster
  Limettensaft (etwa 17 Limetten)
1 Bund Basilikum + einige
  Basilikumblätter
1,5 l Tonicwater (z. B. Schweppes),
  gut gekühlt
Eiswürfel oder Eis, in einer
  Puddingform gefroren

*Für den Gurkensaft:
400 g Salatgurke

Für den Gurkensaft die Gurke schälen und in Würfel schneiden. Die Gurkenwürfel in den Mixer geben, mit eiskaltem Wasser bedecken und glatt mixen. Durch ein feines Sieb in ein Bowlegefäß oder eine Schüssel gießen und beiseitestellen.

Die unbehandelte Gurke in Stücke und die Limetten in Scheiben schneiden. Den Gurkensaft mit Gin und Limettensaft verrühren. Die Gurkenstücke, die Limettenscheiben und das Bund Basilikum hinzufügen und die Mischung mindestens 2 Stunden kalt stellen.

Vor dem Servieren das Basilikum herausnehmen. Die Bowle mit dem Tonicwater aufgießen, mit Basilikumblättern dekorieren und die Eiswürfel hinzufügen.

BOWLE Coco

süß und sahnig

Ergibt 3 Liter
Zubereitungszeit: 10 Minuten
Gefrierzeit: 12 Stunden

200 g frisches Kokosfruchtfleisch
6 unbehandelte Limetten
Eiswürfel
50 cl weißer Rum
50 cl Zuckerrohrsirup
50 cl Limettensaft
   (etwa 17 Limetten)
50 cl Kokoswasser, gut gekühlt
50 cl Kokosmilch, gut gekühlt

100 g Kokosfruchtfleisch und drei Limetten klein schneiden und gleichmäßig in einer Kranz-Backform verteilen. Mit Eiswürfeln bedecken, die Form mit kaltem Wasser auffüllen und 12 Stunden in das Gefrierfach stellen.

Das restliche Kokosfruchtfleisch und die restlichen Limetten klein schneiden. In einer Schüssel den Rum mit Zuckerrohrsirup, Limettensaft, Kokoswasser und Kokosmilch verrühren. Die Kokos- und die Limettenstücke dazugeben und die Mischung mindestens 2 Stunden kalt stellen.

Unmittelbar vor dem Servieren die Kranzform kurz in heißes Wasser tauchen, stürzen und den gefrorenen Kokos-Limetten-Kranz in die Bowle legen.

INFUSED RUM
Limette und Vanille
ein Klassiker

Ergibt 1 Liter
Zubereitungszeit: 5 Minuten
Ziehzeit: 3 Wochen

2 Vanilleschoten
Schalenstreifen von
 2 unbehandelten Limetten
75 cl weißer Rum
10 cl frisch gepresster
 Limettensaft (etwa 4 Limetten)
15 cl Zuckerrohrsirup

Die Vanilleschoten der Länge nach aufschlitzen und das Mark mit einem spitzen Messer herauskratzen. Die Schoten und das Mark mit den Limettenschalen in ein großes Einmachglas oder eine Flasche geben.

Den Rum mit Limettensaft und Zuckerrohrsirup verrühren und die Mischung in das Glas oder die Flasche gießen.

Glas oder Flasche luftdicht verschließen und die Mischung mindestens 3 Wochen an einem kühlen Ort durchziehen lassen.

Piña Colada

tropisches Vergnügen

Ergibt 1 Liter
Zubereitungszeit: 5 Minuten
Ziehzeit: 3 Wochen

100 g frisches Kokosfruchtfleisch
100 g Ananasfruchtfleisch
10 cl Zuckerrohrsirup
10 cl klarer Kokoslikör auf
   Rumbasis (z. B. Malibu)
60 cl weißer Rum

Das Kokos- und Ananasfruchtfleisch in Stücke schneiden.

Den Zuckerrohrsirup mit Kokoslikör und Rum mischen, in ein großes Einmachglas oder eine Flasche füllen und die Ananas- und Kokosstücke hinzufügen.

Glas oder Flasche luftdicht verschließen und die Mischung mindestens 3 Wochen an einem kühlen Ort durchziehen lassen.

INFUSED RUM

Wintergewürze

wärmend und würzig

Ergibt 1 Liter
Zubereitungszeit: 5 Minuten
Ziehzeit: 3 Wochen

30 cl brauner Rum
60 cl weißer Rum
100 g Honig
1 Stück (3 cm) frischer
  Bio-Ingwer (etwa 15 g)
Schalenstreifen von
  2 unbehandelten Orangen
2 Zimtstangen
1 Sternanis
2 Gewürznelken
½ Muskatnuss

Beide Rumsorten mit dem Honig glatt rühren.

Den Ingwer in Scheiben schneiden und mit den Orangenschalen und den Gewürzen in ein großes Einmachglas oder eine Flasche geben. Die Rum-Honig-Mischung dazugießen und gut umrühren.

Glas oder Flasche luftdicht verschließen und die Mischung mindestens 3 Wochen an einem kühlen Ort durchziehen lassen.

Pfirsich mit Ingwer

ein Gaumenschmeichler

Ergibt 1 Liter
Zubereitungszeit: 5 Minuten
Ziehzeit: 3 Wochen

3 reife Pfirsiche
1 Stück (4 cm) frischer
   Bio-Ingwer (etwa 20 g)
80 cl weißer Rum
50 g Honig

Die Pfirsiche entsteinen und das Fruchtfleisch in Spalten schneiden. Den Ingwer in Scheiben schneiden. Pfirsichspalten und Ingwer in ein großes Einmachglas oder eine Flasche geben.

Den Rum mit dem Honig glatt rühren und über die Pfirsiche und den Ingwer gießen.

Glas oder Flasche luftdicht verschließen und die Mischung mindestens 3 Wochen an einem kühlen Ort durchziehen lassen.

INFUSED RUM
Passionsfrucht
herrlich aromatisch

Ergibt 1 Liter
Zubereitungszeit: 5 Minuten
Ziehzeit: 3 Wochen

2 Vanilleschoten
5 Passionsfrüchte
Schalenstreifen von
  2 unbehandelten Limetten
10 cl Zuckerrohrsirup
80 cl weißer Rum

Die Vanilleschoten der Länge nach aufschlitzen und das Mark mit einem spitzen Messer herauskratzen.

Die Vanilleschoten, das Vanillemark, das Fruchtfleisch der Passionsfrüchte und die Limettenschalen in ein großes Einmachglas oder eine Flasche geben.

Den Zuckerrohrsirup mit dem Rum verrühren und in das Glas oder die Flasche gießen.

Glas oder Flasche luftdicht verschließen und die Mischung mindestens 3 Wochen an einem kühlen Ort durchziehen lassen.

Bunte Beeren

Erdbeeren, Himbeeren, Johannisbeeren, Blaubeeren ...

Ergibt 1 Liter
Zubereitungszeit: 5 Minuten
Ziehzeit: 3 Wochen

1 Vanilleschote
60 g Erdbeeren
60 g Himbeeren
30 g rote Johannisbeeren
30 g Blaubeeren
80 cl weißer Rum
10 cl Zuckerrohrsirup

Die Vanilleschote der Länge nach aufschlitzen und das Mark mit einem spitzen Messer herauskratzen. Die Erdbeeren entstielen und halbieren.

Die Vanilleschote, das Vanillemark und alle Beeren in ein großes Einmachglas oder eine Flasche geben.

Den Rum mit dem Zuckerrohrsirup verrühren und über die Beeren gießen.

Glas oder Flasche luftdicht verschließen und die Mischung mindestens 3 Wochen an einem kühlen Ort durchziehen lassen.

INFUSED RUM

Weintrauben
ein Hauch von Weinlese

Ergibt 1 Liter
Zubereitungszeit: 5 Minuten
Ziehzeit: 3 Wochen

100 g grüne Weintrauben
100 g rote Weintrauben
100 g blaue Weintrauben
10 cl Zuckerrohrsirup
70 cl weißer Rum

Die Trauben der Länge nach halbieren und in ein großes Einmachglas oder eine Flasche geben.

Den Zuckerrohrsirup mit dem Rum verrühren und über die Trauben gießen.

Glas oder Flasche luftdicht verschließen und die Mischung mindestens 3 Wochen an einem kühlen Ort durchziehen lassen.

Kaffeebohnen

mit Vanille und Ahornsirup

Ergibt 1 Liter
Zubereitungszeit: 5 Minuten
Ziehzeit: 3 Wochen

2 Vanilleschoten
50 g Kaffeebohnen
15 cl Ahornsirup
80 cl brauner Rum

Die Vanilleschoten der Länge nach aufschlitzen und das Mark mit einem spitzen Messer herauskratzen.

Die Vanilleschoten mit dem Vanillemark und den Kaffeebohnen in ein großes Einmachglas oder eine Flasche geben.

Den Ahornsirup mit dem Rum verrühren und darübergießen.

Glas oder Flasche luftdicht verschließen und die Mischung mindestens 3 Wochen an einem kühlen Ort durchziehen lassen.

Tropische Früchte

wenn man Sonne schmecken könnte

Ergibt 1 Liter
Zubereitungszeit: 5 Minuten
Ziehzeit: 3 Wochen

1 Vanilleschote
50 g Ananasfruchtfleisch
50 g Mangofruchtfleisch
3 Kumquats
2 Passionsfrüchte
10 cl Zuckerrohrsirup
80 cl weißer Rum

Die Vanilleschote der Länge nach aufschlitzen und das Mark mit einem spitzen Messer herauskratzen. Die Ananas und die Mango in Stücke, die Kumquats in Scheiben schneiden.

Die Früchte, die Vanilleschote und das Vanillemark in ein großes Einmachglas oder eine Flasche geben, das Fruchtfleisch der Passionsfrüchte, Zucker-rohrsirup und Rum hinzufügen und gut umrühren.

Glas oder Flasche luftdicht verschließen und die Mischung mindestens 3 Wochen an einem kühlen Ort durchziehen lassen.

GARNELEN À LA
Piña Colada
eine süß-salzige Sinfonie

Für 20 Garnelen
Zubereitungszeit: 15 Minuten
Garzeit: 8–10 Minuten

FÜR DIE ANANASSAUCE
100 g Ananasfruchtfleisch
Saft von 1 Limette
1 TL Honig
1 TL fein gewürfelte rote Zwiebel
½ TL fein gehackte
  rote Chilischote
1 TL fein geschnittene
  Korianderblätter
1 Prise Salz

FÜR DIE GARNELEN
20 rohe Garnelenschwänze
  (etwa 250 g), geschält
Salz und Pfeffer
2 Eiweiß
100 g Kokosraspel
100 g Paniermehl
1 EL Speisestärke
1 Prise Cayennepfeffer
2 EL Olivenöl

Den Backofen auf 230 °C (Umluft 210 °C) vorheizen.

Die Ananas in Stücke schneiden und im Mixer mit dem Limettensaft und dem Honig zu einer glatten Sauce pürieren. Die Zwiebel, die Chilischote, den Koriander und das Salz hinzufügen und alles gut verrühren.

Die Garnelenschwänze mit Salz und Pfeffer würzen.

Die Eiweiße mit dem Schneebesen schaumig schlagen. In einem tiefen Teller die Kokosraspel mit Paniermehl, Speisestärke, 2 Prisen Salz und Cayennepfeffer mischen. Die Garnelen in das Eiweiß tauchen, überschüssiges Eiweiß abschütteln und die Garnelen anschließend in der Kokosmischung wälzen.

Die Garnelen auf einem mit Backpapier ausgelegten Backblech verteilen, mit Olivenöl beträufeln und das Blech für 8–10 Minuten in den Backofen schieben, bis das Garnelenfleisch rosa ist und die Kokosraspel leicht gebräunt sind. Mit der Ananassauce servieren.

GAZPACHO
Bloody Mary
pikanter Appetizer

Für etwa 15 Töpfchen
Zubereitungszeit: 20 Minuten

3 Salatgurken
120 g Tomaten
50 g rote Paprikaschote
2 Frühlingszwiebeln
1 EL Rotweinessig
Saft von ½ Limette
4 EL Olivenöl
1 TL Worcestersauce
½ TL Selleriesalz
Piment d'Espelette
  (fein gemahlene rote Chilis)
Salz und Pfeffer
1 Selleriestange
mit Paprika gefüllte grüne Oliven

Die Gurken in 4 cm lange Stücke schneiden und diese mit einem Kugelaus-stecher 3 cm tief aushöhlen. Dabei darauf achten, dass die Gurkenstücke nicht beschädigt werden. Das Fruchtfleisch aufbewahren.

Die Tomaten in Würfel, die Paprikaschote in Stücke, die Frühlingszwiebeln in feine Scheiben schneiden. 75 g des ausgehöhlten Gurkenfruchtfleischs mit Tomaten, Paprikaschote, Frühlingszwiebeln, Essig, Limettensaft, Olivenöl, Worcestersauce, Selleriesalz und 1 Prise Piment d'Espelette im Mixer nicht zu fein pürieren. Den Gazpacho anschließend mit Salz und Pfeffer abschmecken.

Die ausgehöhlten Gurkenstücke mit Gazpacho füllen und jeweils mit 1 Prise Piment d'Espelette bestreuen. Die Selleriestange in kleine Stücke schneiden und die Gurkentöpfchen mit je einem Selleriestück und einer auf einen Zahnstocher gespießten Olive dekorieren. Sofort servieren.

CEVICHE
Margarita
frisch wie der Ozean

Für 10 kleine Gläser
Zubereitungszeit: 15 Minuten
Marinierzeit: 15 Minuten

200 g sehr frisches Kabeljaufilet
1 Knoblauchzehe
1 Stück (2 cm) frischer
  Ingwer (etwa 10 g)
150 ml Limettensaft
4 Korianderstängel
2 Orangen
1 Frühlingszwiebel
50 g Fleur de Sel
½ TL Piment d'Espelette
  (fein gemahlene rote Chilis)
1 unbehandelte Limette

Den Fisch in 1 cm große Würfel schneiden. Den Knoblauch und den Ingwer schälen und fein hacken. In einer Schüssel den Limettensaft mit Knoblauch und Ingwer zu einer Marinade verrühren. Die Korianderblätter von den Stielen zupfen. Die Stiele zur Marinade geben, die Blätter beiseitestellen. Den Fisch mit der Marinade bedecken und 5 Minuten marinieren lassen.

Den Fisch aus der Marinade nehmen, die Marinade durch ein feines Sieb passieren. Den Fisch mit der passierten Marinade bedecken und 10 Minuten im Kühlschrank marinieren.

Inzwischen die Orangen schälen und filetieren. Die Frühlingszwiebel fein schneiden. Beides zum Fisch geben und umrühren.

In einem tiefen Teller Fleur de Sel und Piment d'Espelette mischen. Die Limette in dünne Scheiben schneiden. Mit einer Limettenscheibe an den Glasrändern entlangfahren und die Ränder anschließend in der Salzmischung drehen. Die Korianderblätter fein schneiden.

Den Fisch samt Marinade, Orangenfilets und Frühlingszwiebel gleichmäßig auf zehn kleine Gläser verteilen. Mit den fein geschnittenen Korianderblättern bestreuen, jeweils mit einer halben Limettenscheibe garnieren und sofort servieren.

HÄHNCHENSPIESSE
Cosmopolitan
elegantes Fingerfood

Für 10–15 Spießchen
Zubereitungszeit: 20 Minuten
Marinierzeit: 2 Stunden
Garzeit: 10 Minuten

FÜR DAS HÄHNCHEN

300 g Hähnchenbrustfilets
50 ml Cranberrysaft
Saft von 1 Limette
1 Stück (2 cm) frischer
  Ingwer (etwa 10 g)
1 Knoblauchzehe
Salz und Pfeffer
2 Frühlingszwiebeln
1 kleine Handvoll Korianderblätter
1 TL Sesamsamen

FÜR DIE SAUCE

150 ml Ketchup oder
  Tomatensauce
50 g Honig
Saft von 2 Limetten
Saft von 1 Orange
1 EL Sojasauce

10–15 kleine Bambus-
  oder Holzspieße

Das Fleisch in 2 cm große Stücke schneiden.

Für die Marinade den Cranberrysaft mit dem Limettensaft mischen.
Den Ingwer schälen und hacken, den Knoblauch schälen und zerdrücken.
Ingwer und Knoblauch mit der Saftmischung verrühren, das Fleisch einlegen
und zugedeckt mindestens 2 Stunden im Kühlschrank marinieren.

Die Spieße mindestens 30 Minuten wässern, damit sie beim Grillen nicht
verbrennen.

Den Backofengrill auf höchster Stufe vorheizen. Für die Sauce den Ketchup
oder die Tomatensauce mit Honig, Limettensaft, Orangensaft und Sojasauce
verrühren und die Mischung 5 Minuten bei mittlerer Hitze kochen lassen.

Die Fleischstücke abtropfen lassen und auf die Spieße stecken (pro Spieß
etwa 4 Stück). Die Spieße auf ein mit Backpapier ausgelegtes Backblech
legen, mit Salz und Pfeffer würzen und 2 Minuten unter den heißen Backofengrill schieben. Anschließend wenden und weitere 2 Minuten grillen.

Inzwischen die Frühlingszwiebeln in feine Ringe schneiden. Das Fleisch mit
der Sauce bepinseln und 1 weitere Minute grillen, bis die Sauce karamellisiert
ist. Die Spieße aus dem Ofen nehmen und das Fleisch nochmals mit Sauce
überziehen. Mit Frühlingszwiebeln, Korianderblättern und Sesam bestreuen
und sofort servieren.

BLÄTTERTEIGSTANGEN
mit Oliven
007 lässt grüßen

Für 8 Stangen
Zubereitungszeit: 15 Minuten
Ruhezeit: 1 Stunde
Backzeit: 5–6 Minuten

1 Packung frischer
  Blätterteig (Kühlregal)
1 Ei
abgeriebene Schale von
  1 unbehandelten Zitrone
16 mit Paprika gefüllte
  grüne Oliven

Den Teig zu einer Kugel formen und zu einem etwa 30 x 15 cm großen Rechteck ausrollen. Das Rechteck anschließend in zwei schmale Rechtecke mit einer Seitenlänge von 12 x 15 cm und 18 x 15 cm zerteilen.

Das Ei verquirlen und das schmalere Teigrechteck damit bepinseln. Anschließend das Rechteck mit der Zitronenschale bestreuen und je vier Oliven in vier Reihen darauf verteilen. Das breitere Teigrechteck drauflegen, den Teig an den Rändern fest zusammendrücken und zwischen den Oliven andrücken. 1 Stunde im Gefrierfach ruhen lassen.

Den Backofen auf 230 °C (Umluft 210 °C) vorheizen. Den Teig zwischen den Olivenreihen in vier Streifen schneiden und diese nochmals in zwei Streifen zerteilen, sodass die Oliven halbiert werden und Sie insgesamt acht Streifen erhalten.

Die Teigstreifen auf ein mit Backpapier ausgelegtes Backblech legen und im Backofen 5–6 Minuten goldbraun backen.

DANK
Ich möchte Richard für seine schöne Arbeit und dem gesamten Marabout-Team für seine Unterstützung danken.

BEZUGSQUELLEN
La Soufflerie www.lasoufflerie.com
Zara Home www.zarahome.com

Verwenden Sie immer Früchte mit unbehandelter Schale, wenn die Früchte mit Schale eingelegt werden. Vor der Zubereitung die Früchte heiß waschen und trocken reiben.

Genießen Sie Alkohol stets nur in Maßen, denn ein Zuviel ist gesundheitsschädlich. Wir empfehlen Ihnen, sich diesbezüglich auf den einschlägigen offiziellen Webseiten, insbesondere zum Thema der mit dem Alkoholgenuss verbundenen Risiken, zu informieren. Sie finden dort neben den gesetzlichen Vorschriften auch wertvolle praktische Ratschläge.

Rezepte
Jessie Kanelos Weiner

Fotografie
Richard Boutin

Chefredaktion
Laura Kirschbacher, Neustadt an der Weinstraße

Übersetzung aus dem Französischen
Barbara Holle, München

Lektorat, Redaktion
Karen Dengler, Werkstatt München

Satz
Anja Dengler, Werkstatt München

Umschlaggestaltung
Julia Kirch, Neustadt an der Weinstraße

Printed in China
978-3-86528-832-5